FUN LEAR

CURSIVE HANDWRITING WORKBOOK FOR KIDS

A BEGINNER'S PRACTICE BOOK FOR TRACING AND WRITING EASY CURSIVE ALPHABET LETTERS AND NUMBERS

This book belongs to:

Copyright © 2019 by Fun Learning
Copyrighted material.
Teachers are permitted to make copies for their classes.

a

Apple

1

a

a a a a a a

a

a a a a a a a

Ball

b

c

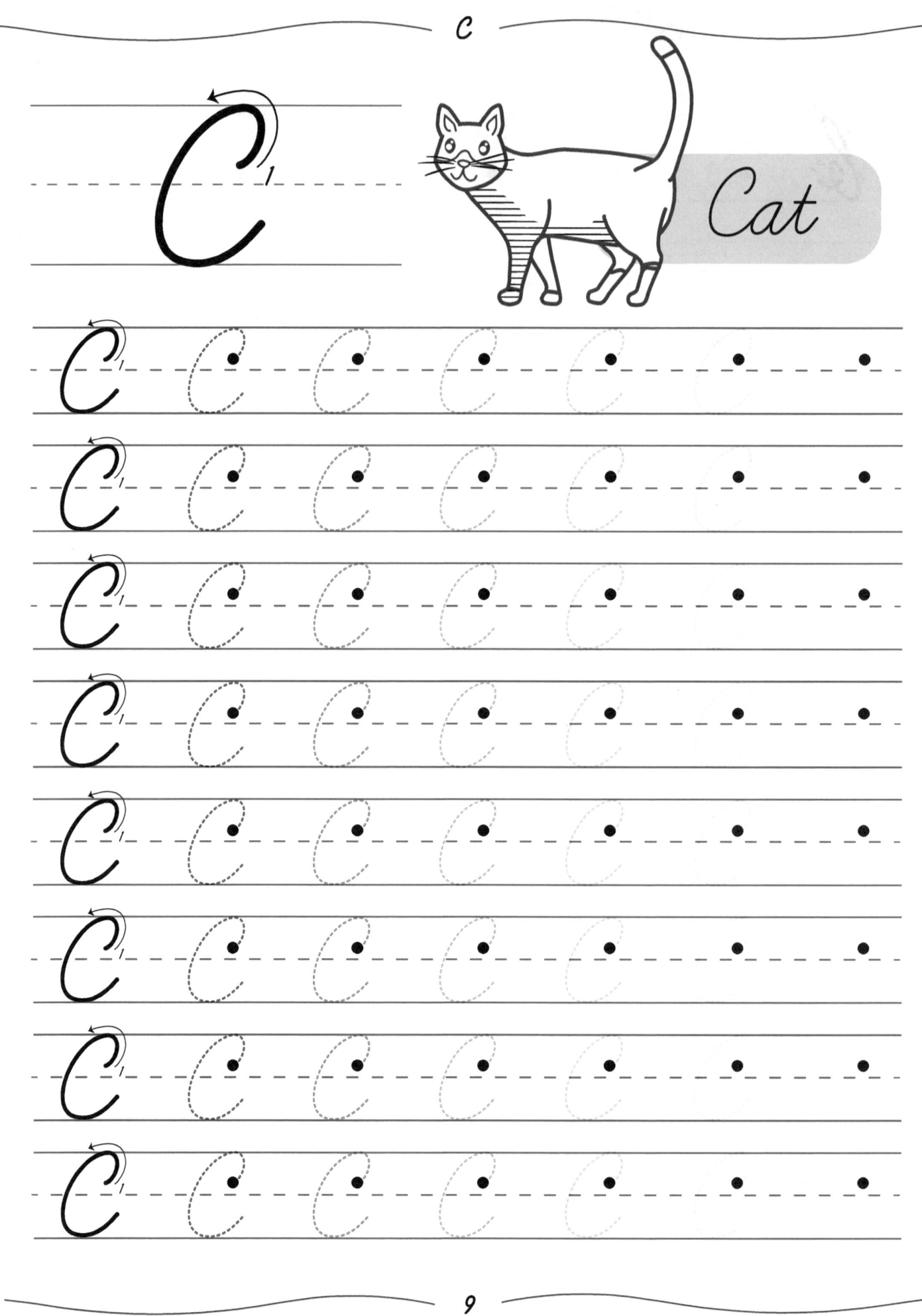

Cat

9

c

𝒞

carrot

c

c c c c c c c

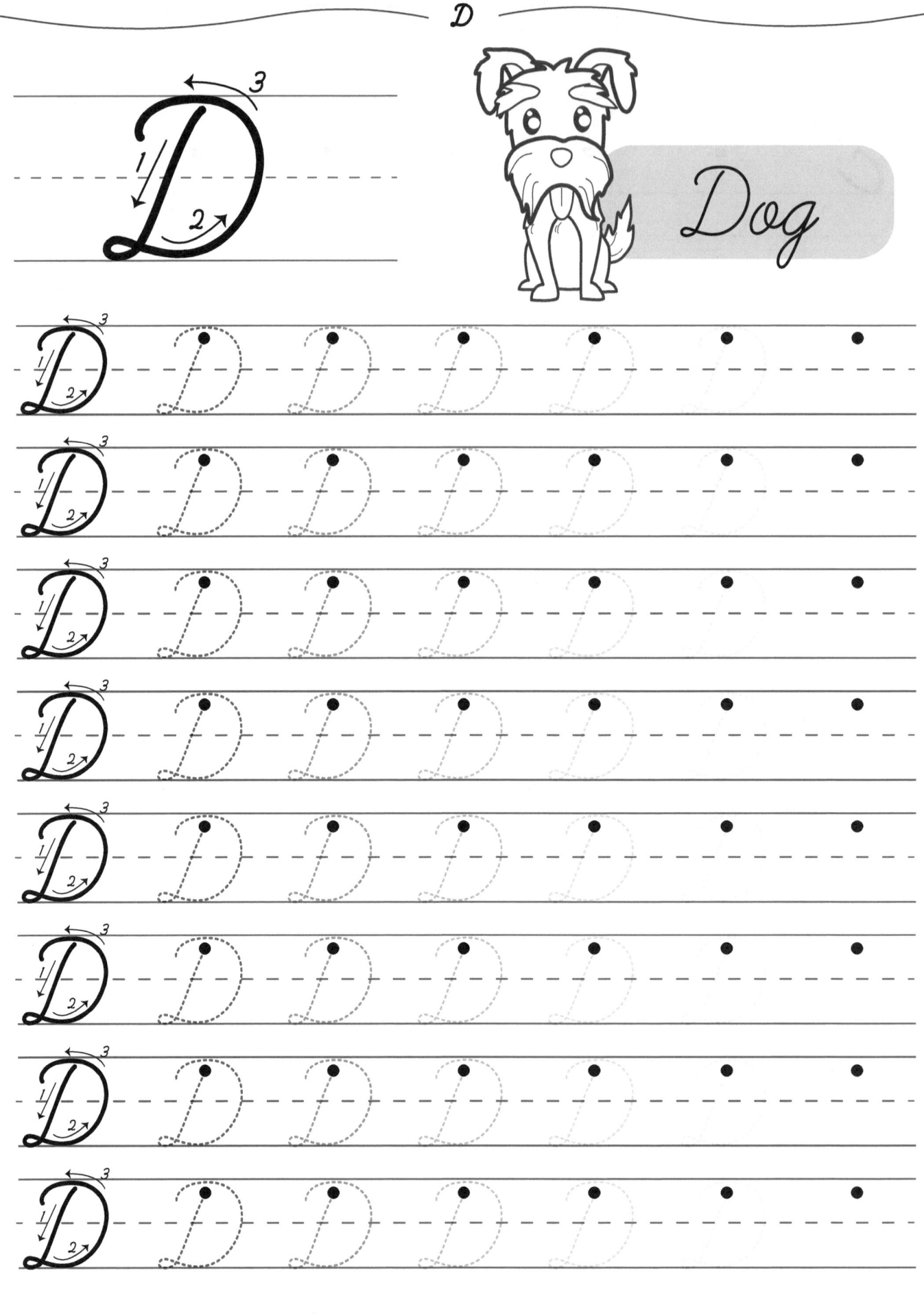

D

d

deer

d

d   d   d   d   d   d   d

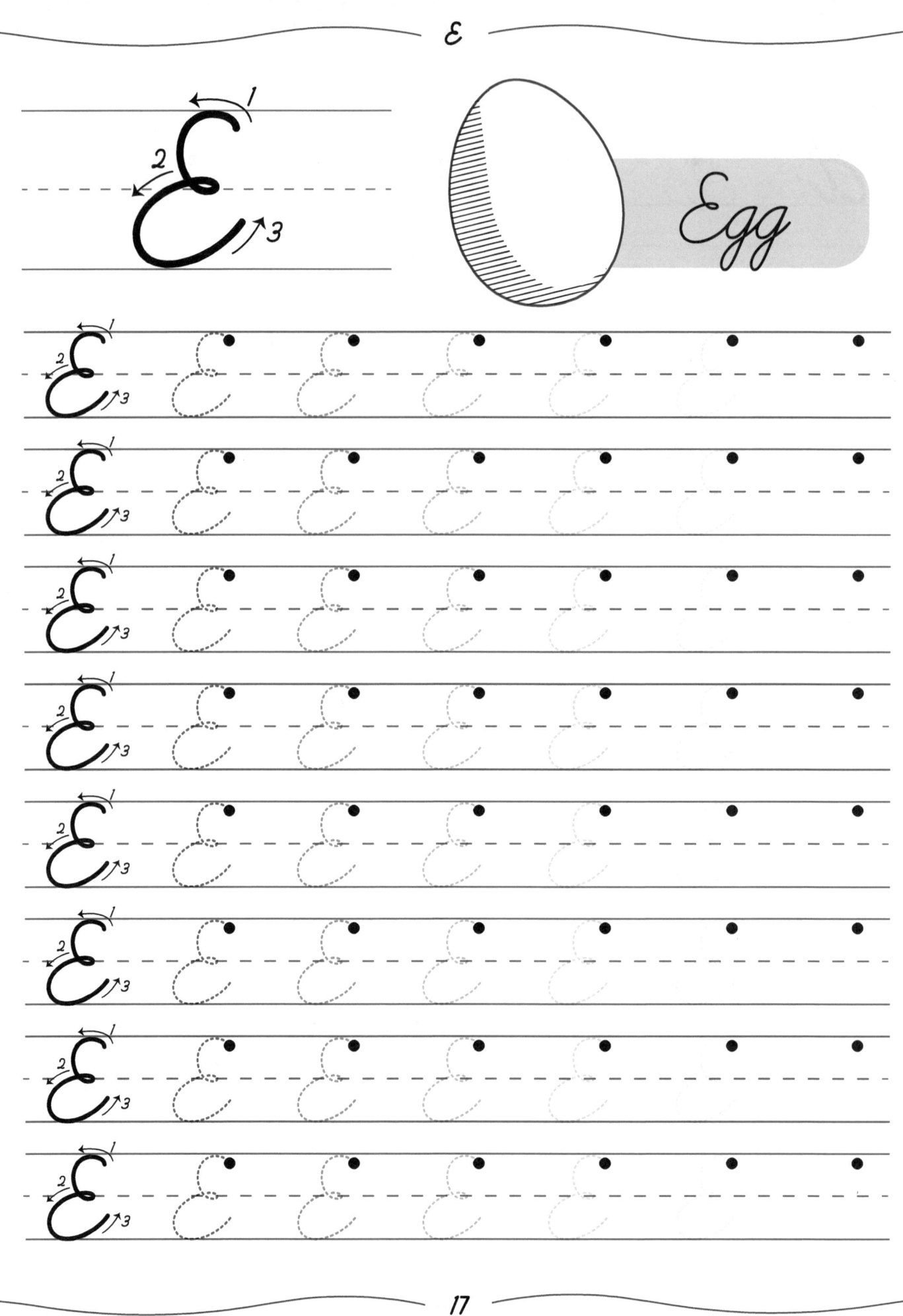

e

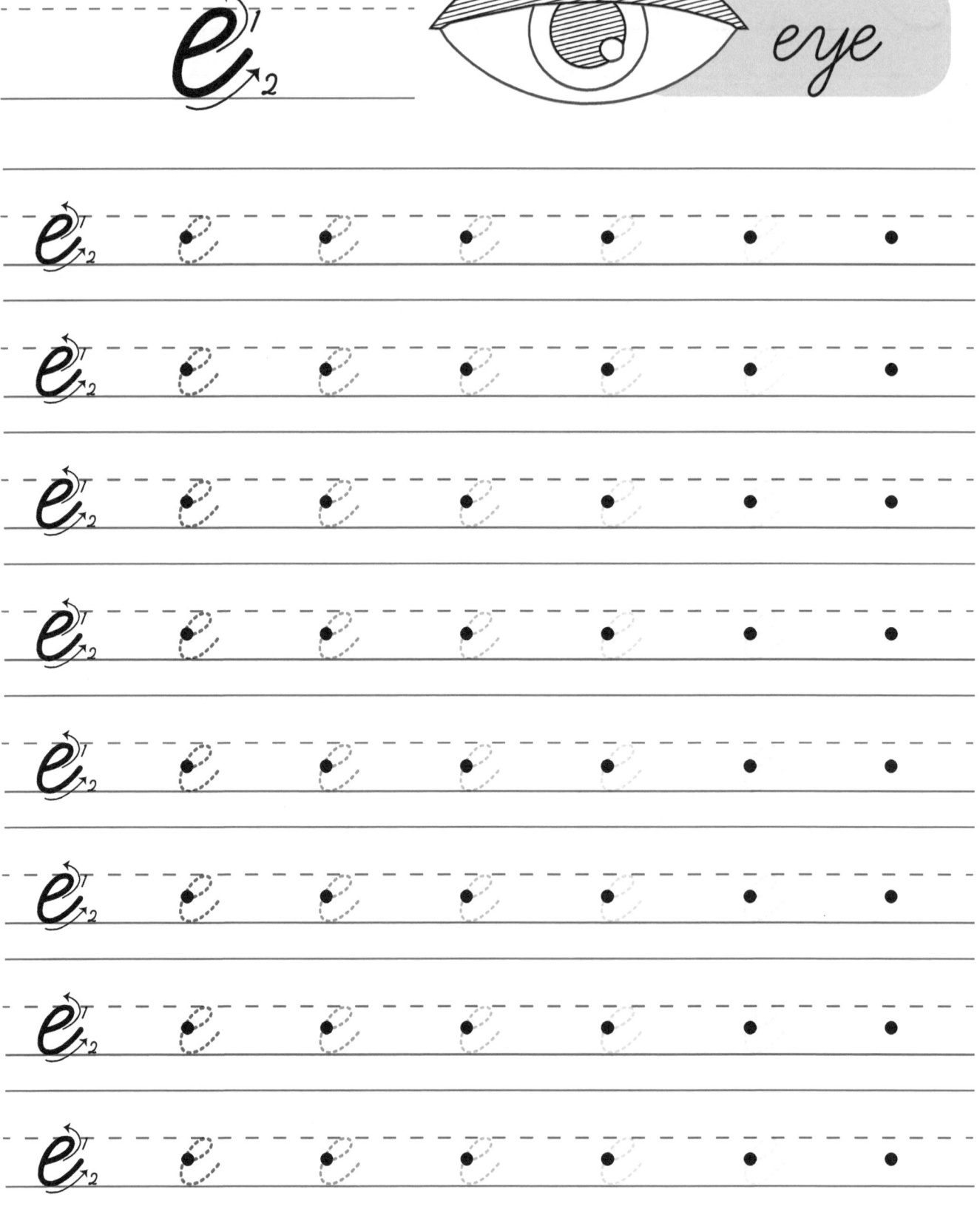

eye

e

F

Girl

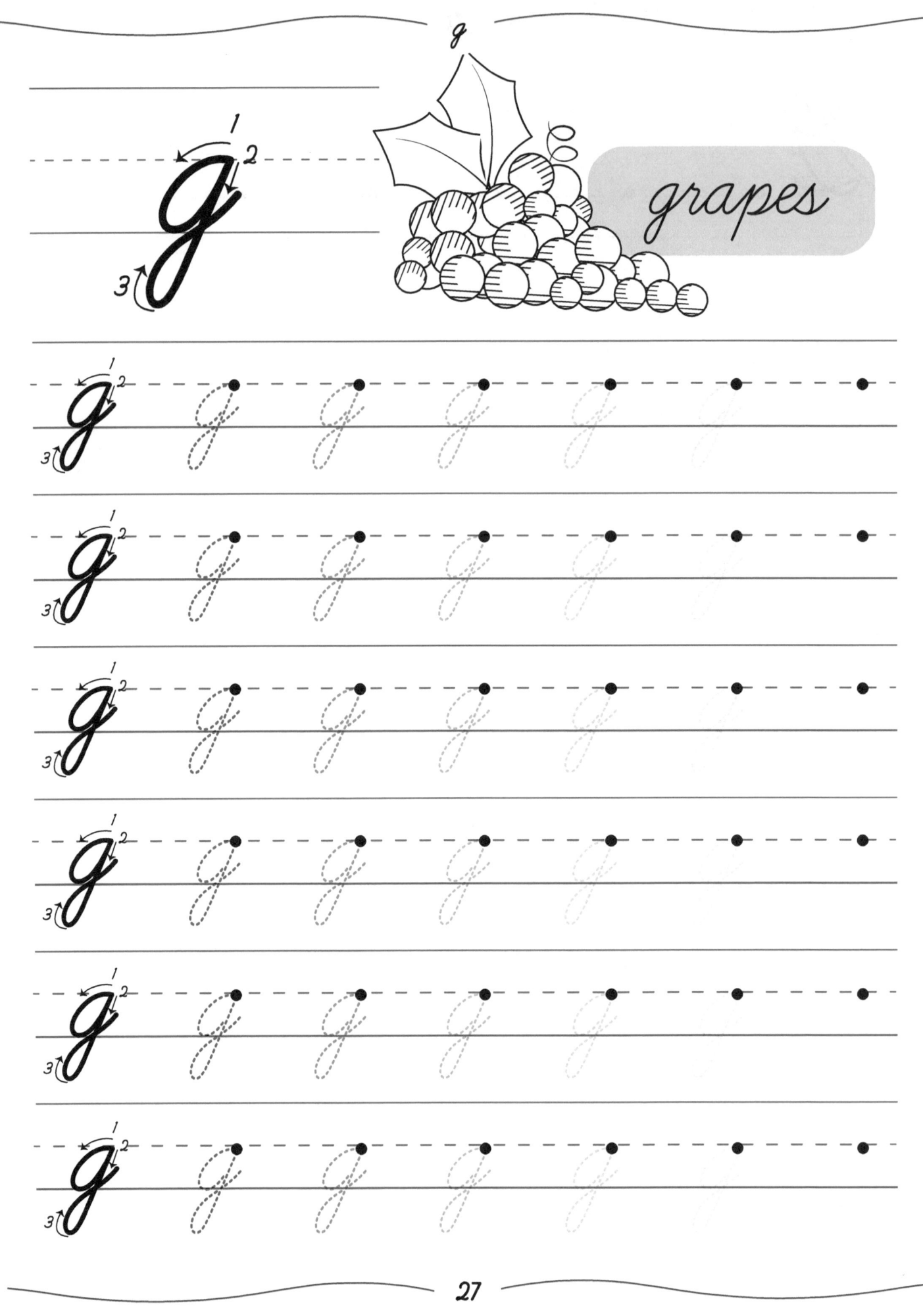

grapes

H

Horse

29

h

hat

h

32

l

Ice cream

i

ink

35

i

J

Jam

37

J

j

jar

39

j

k

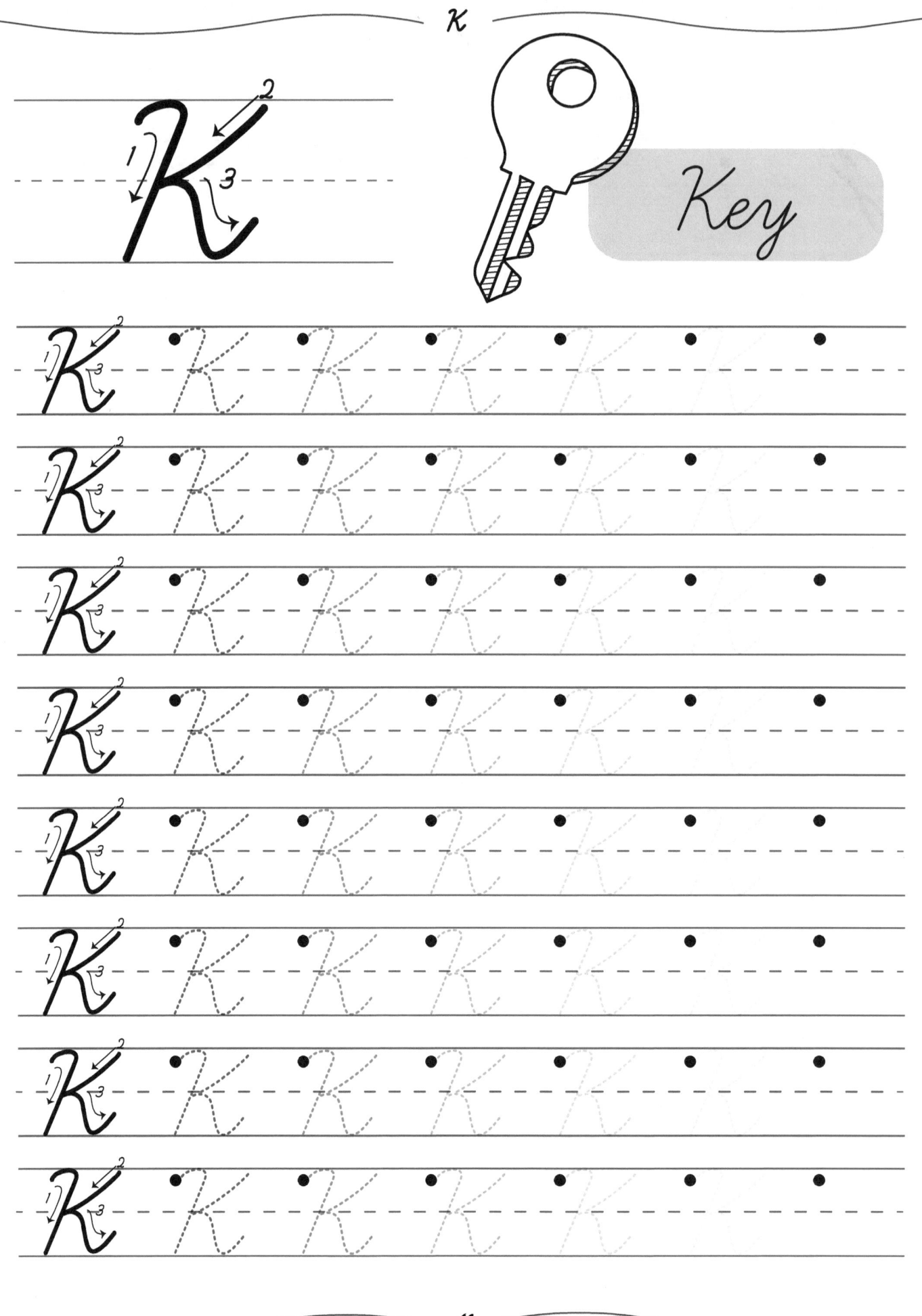

Key

𝒦

k

kite

43

k

44

Leaf

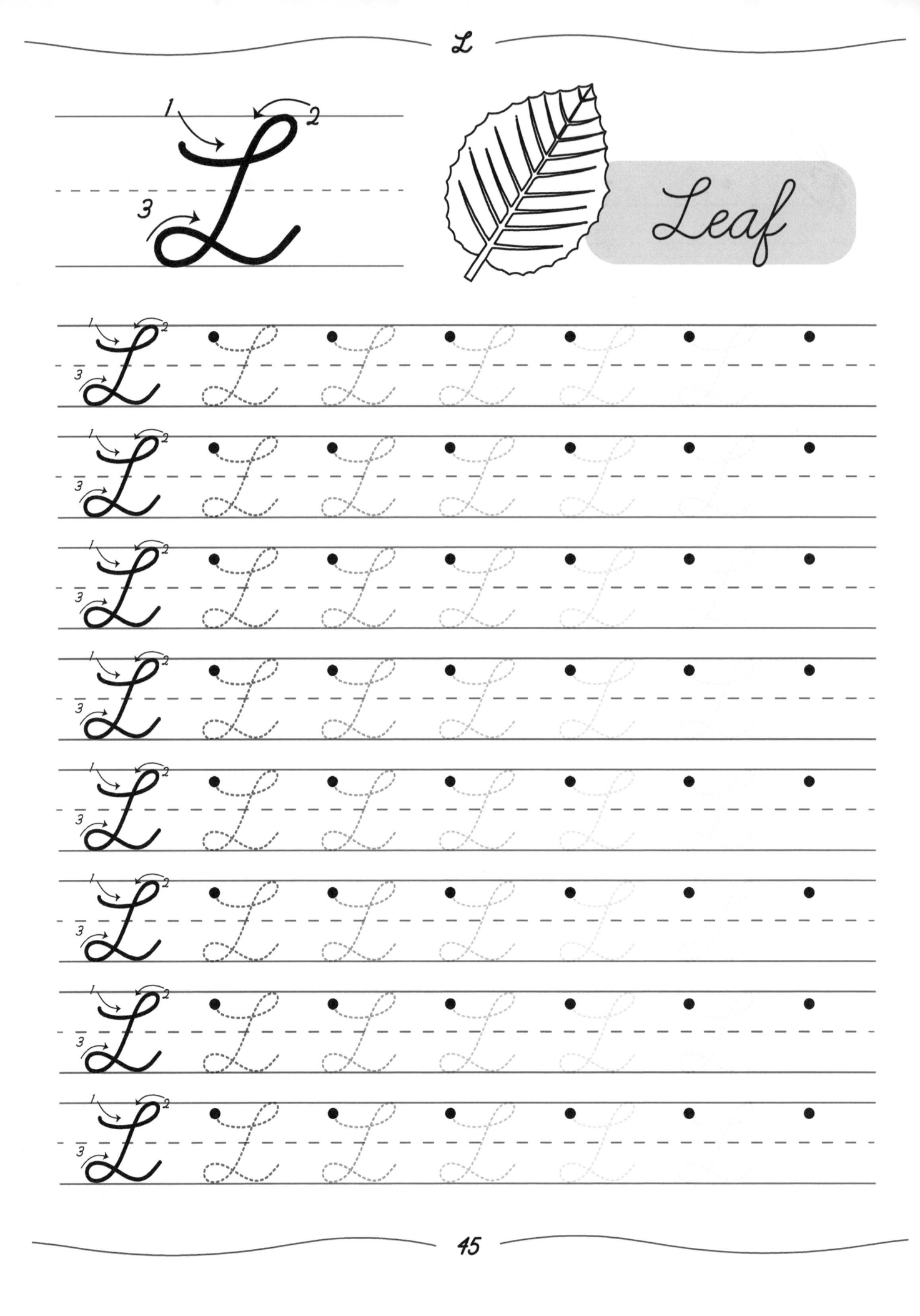

ℒ

l

lips

47

l

m

Mouse

m

m m m m m m

m

𝓶 mango

m

n

Nose

n

n n n n n n

n

nail

n

O

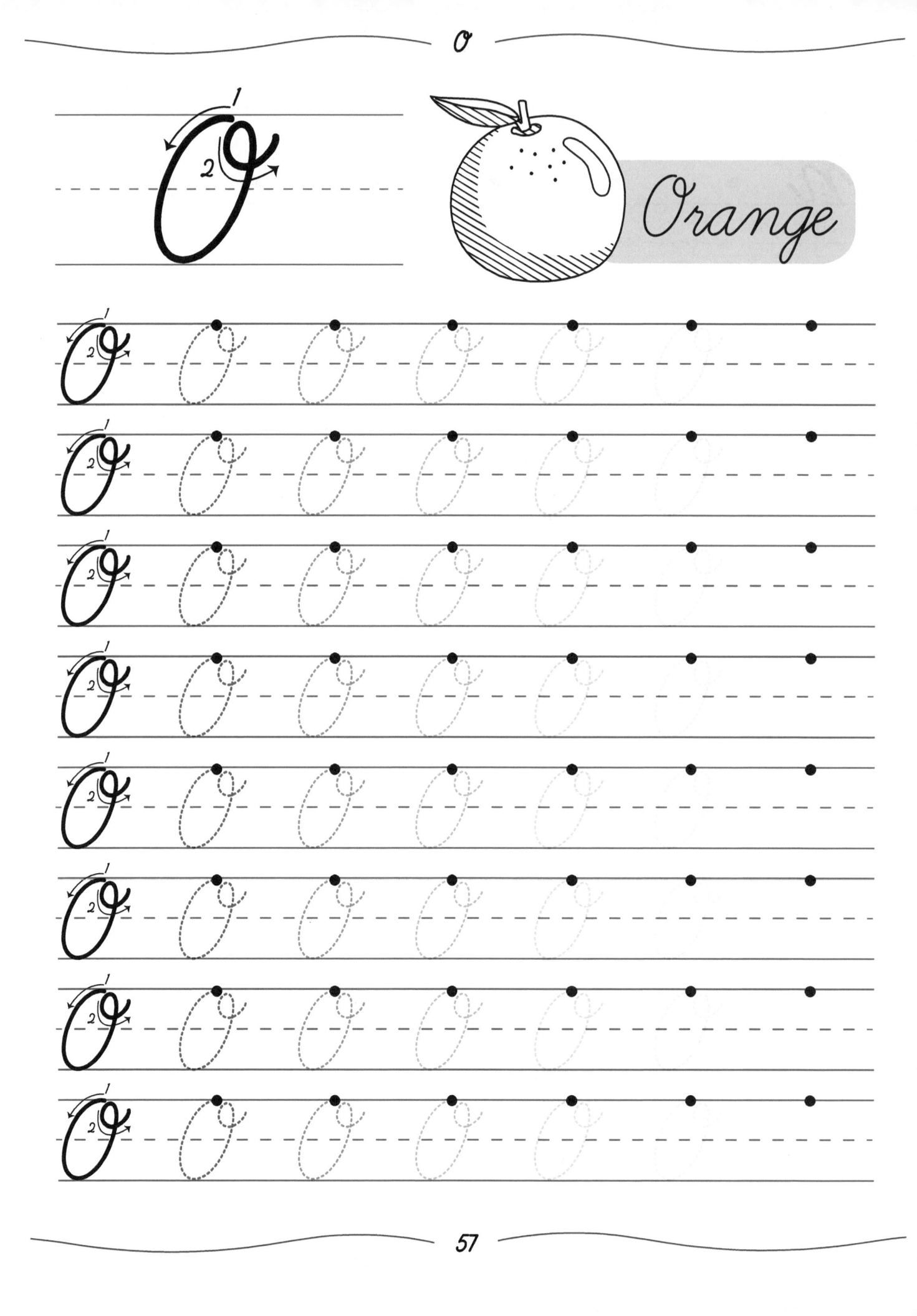

Orange

57

O

58

o

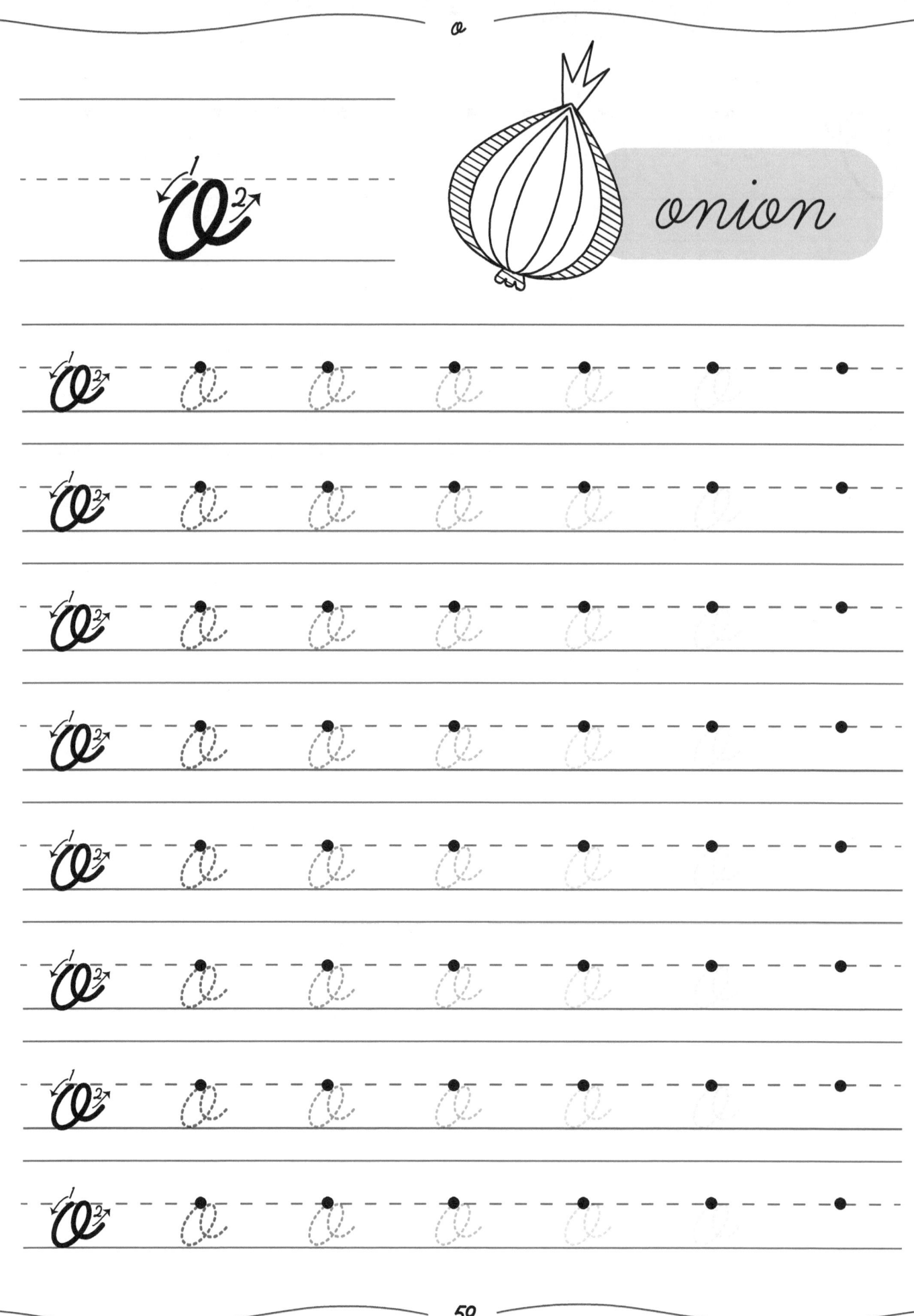

onion

a

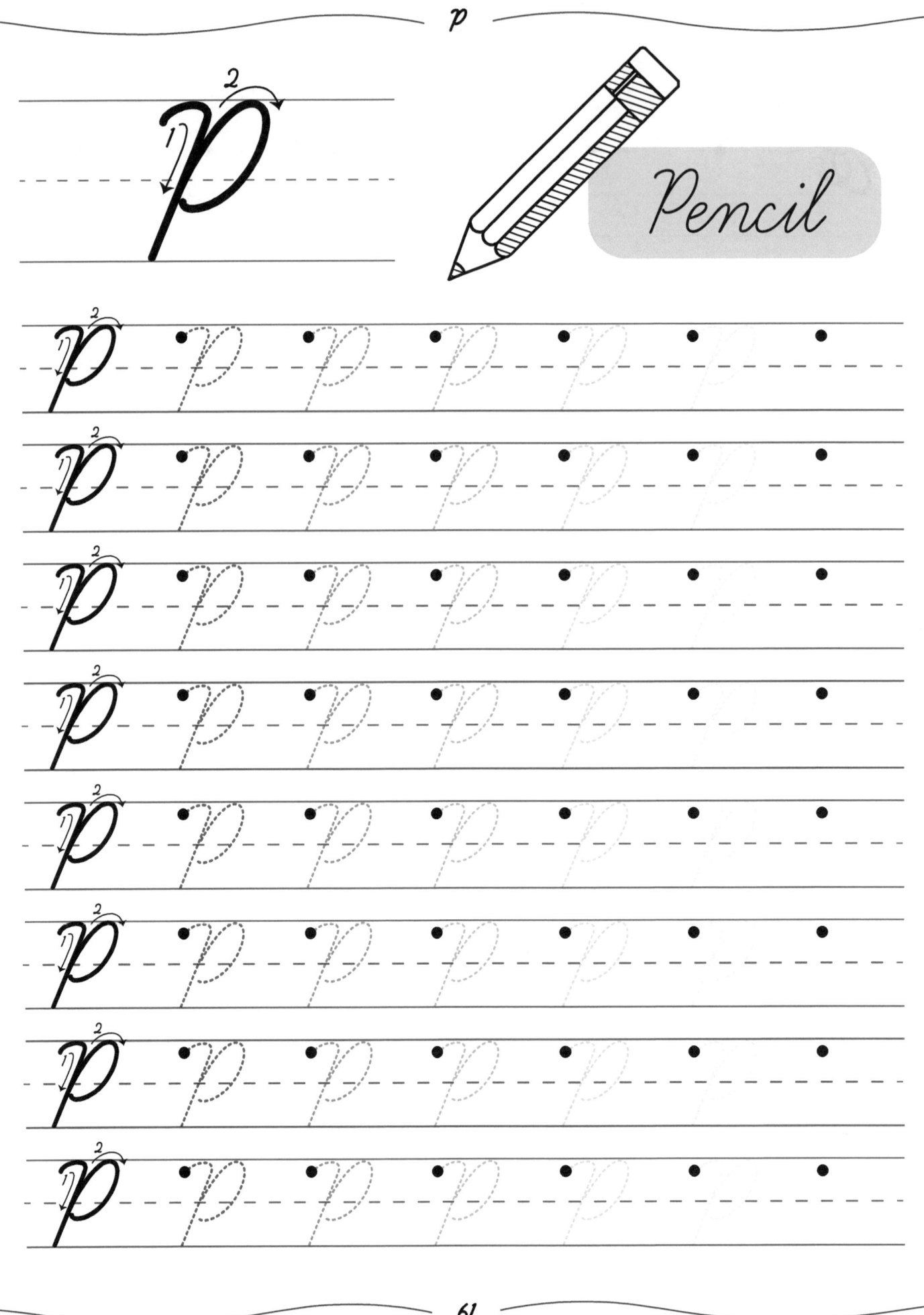

p

Pencil

p

p

panda

p

p p p p p p p

64

Queen

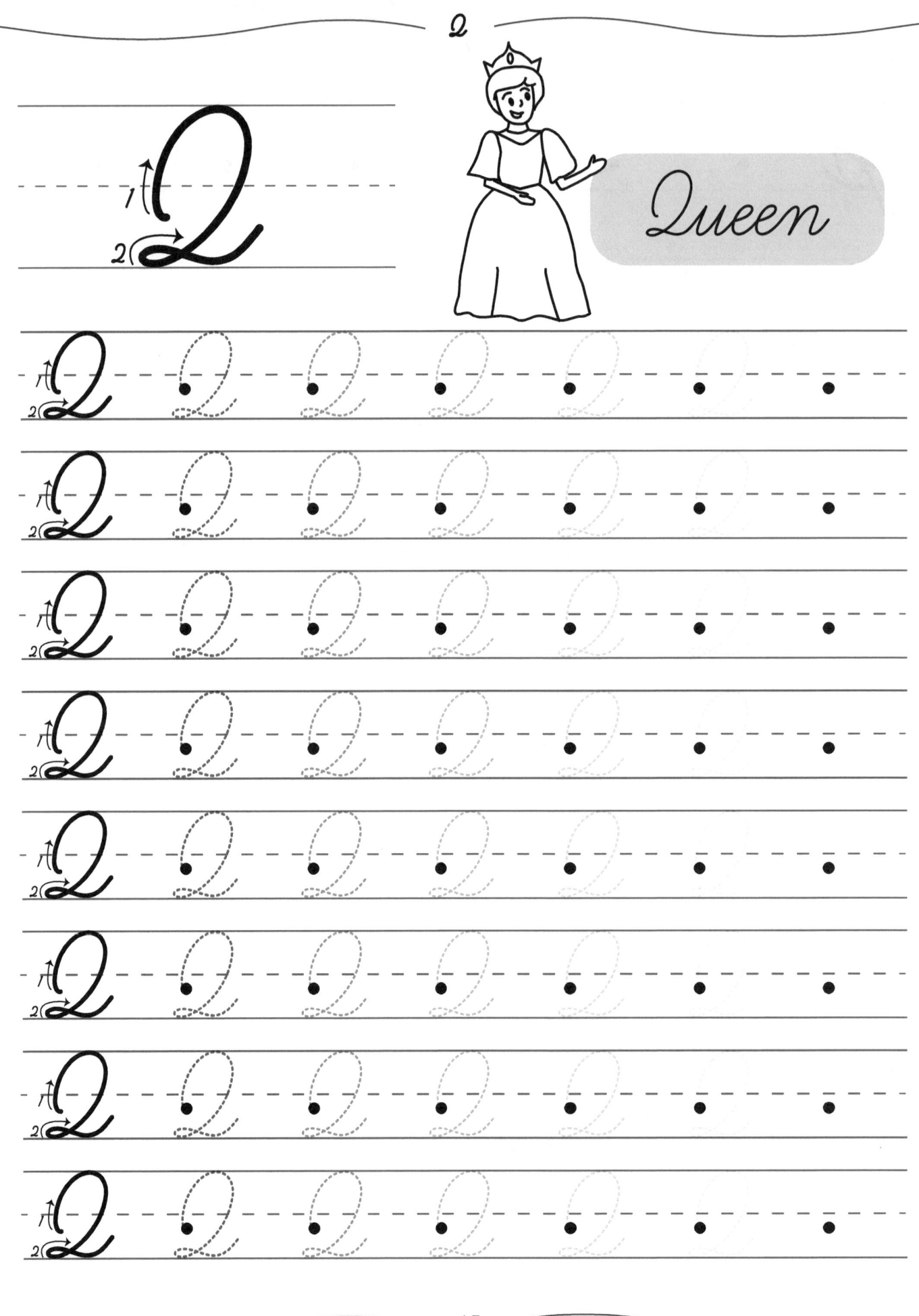

Q

q

question

q

Rock

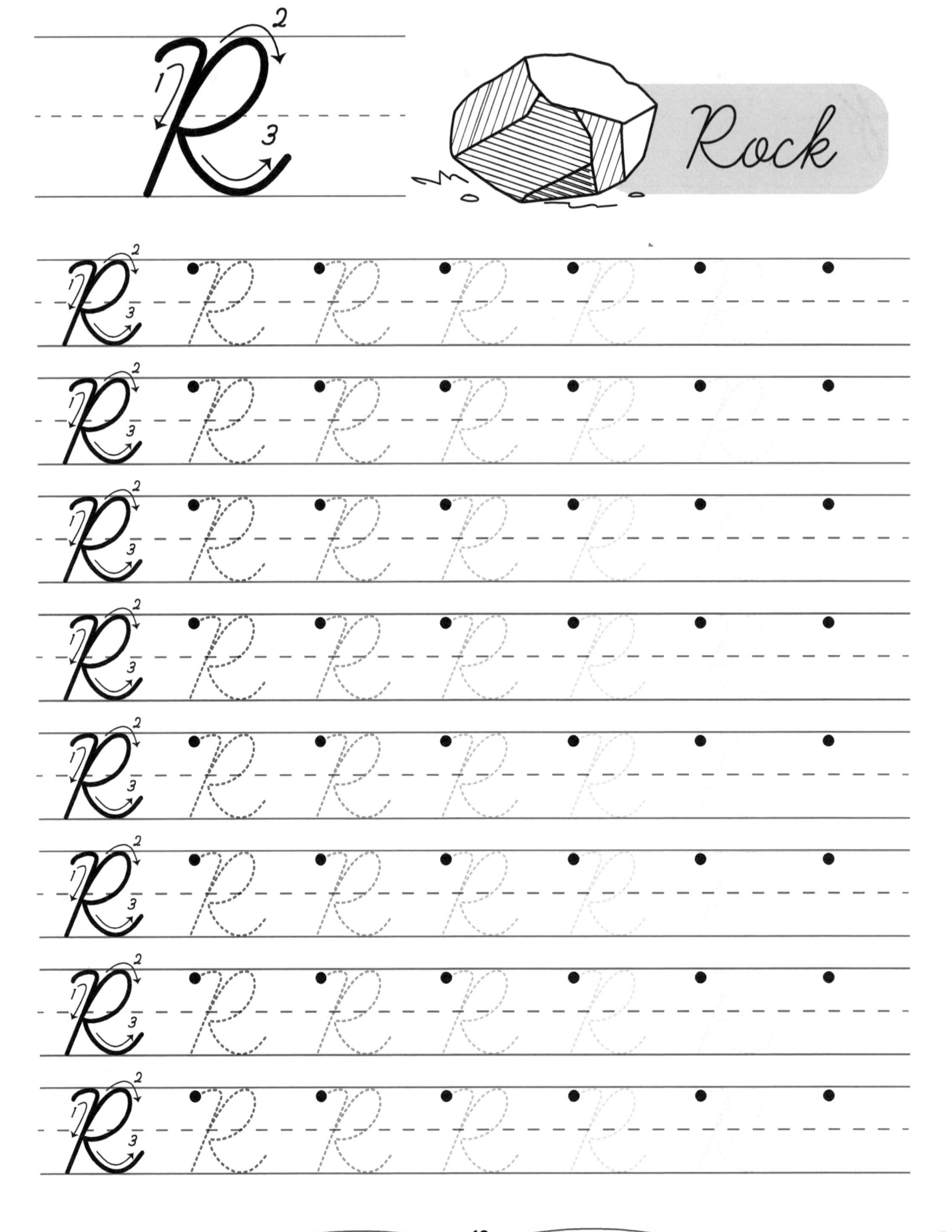

r

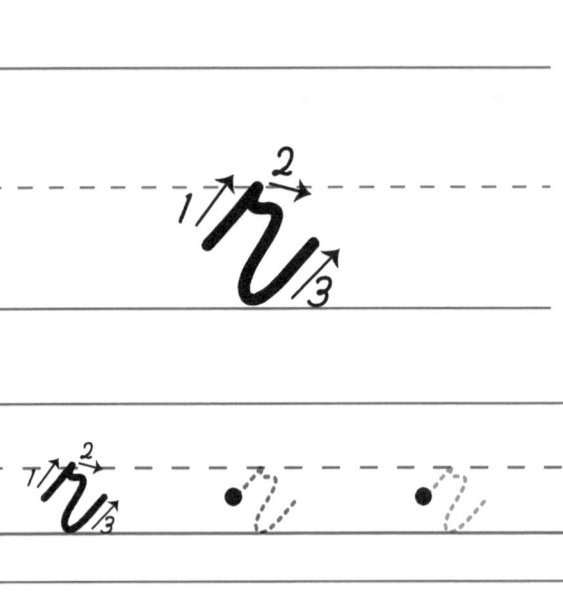

ring

r

Spoon

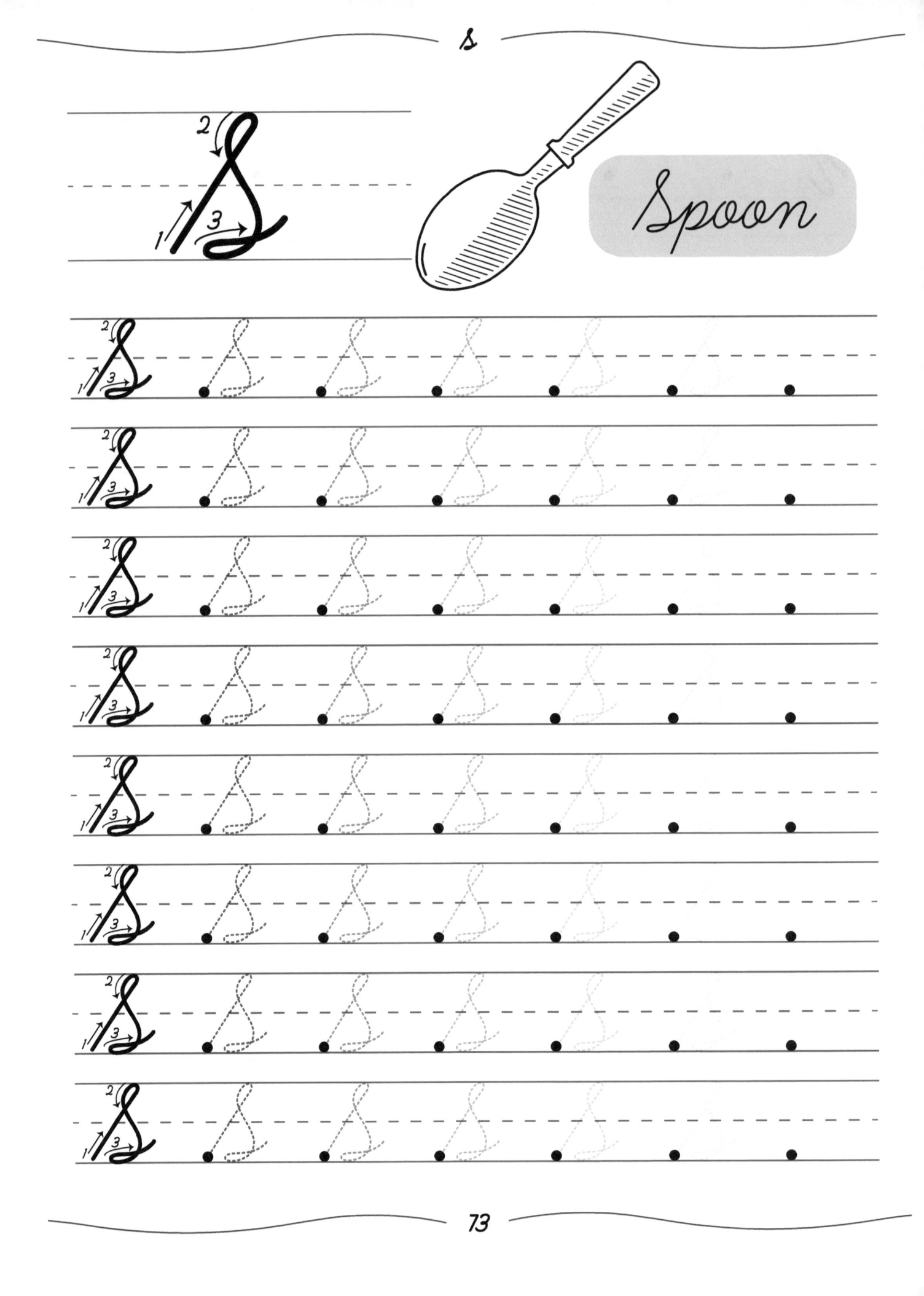

73

S

sock

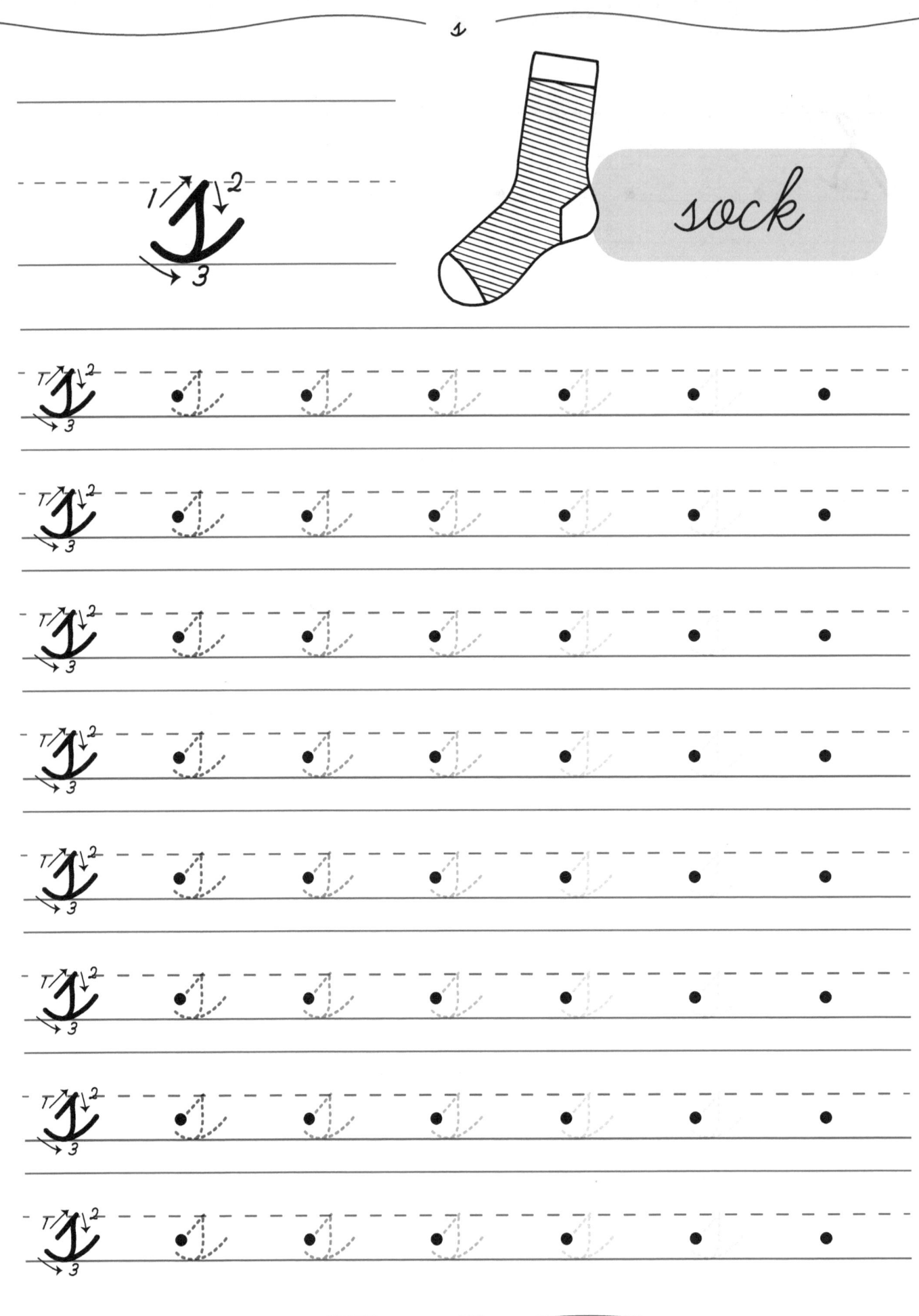

T

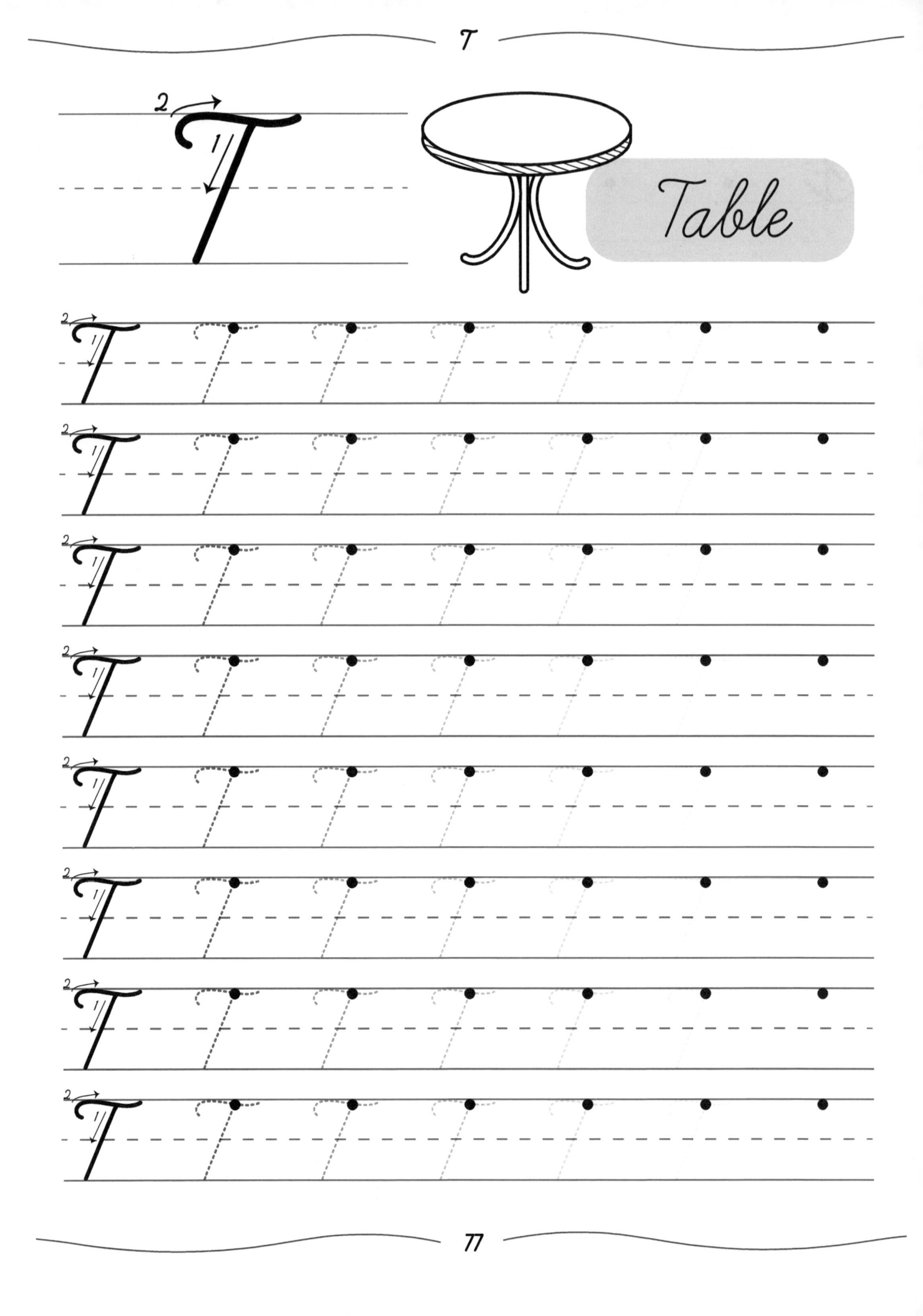

Table

𝒯

t

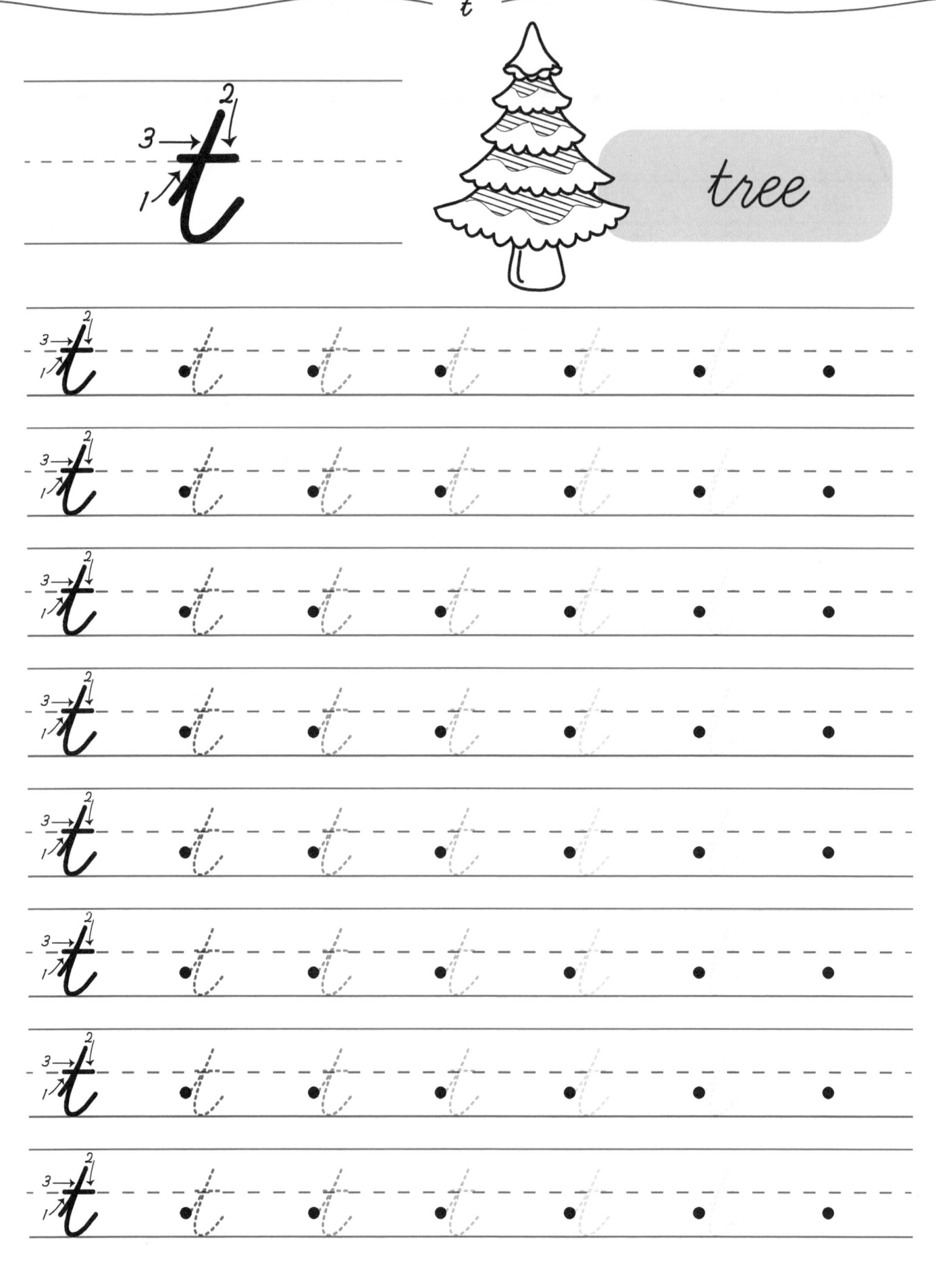

tree

t

t *t* *t* *t* *t* *t* *t*

U

Umbrella

U

U U U U U U

82

u

unicorn

83

u

v

Vase

𝓋

v

van

u

w

Wheel

89

w

w

wood

w

x

X-ray

x

x

Xylophone

x

x

Y

Yarn

Y

y

yolk

y

z

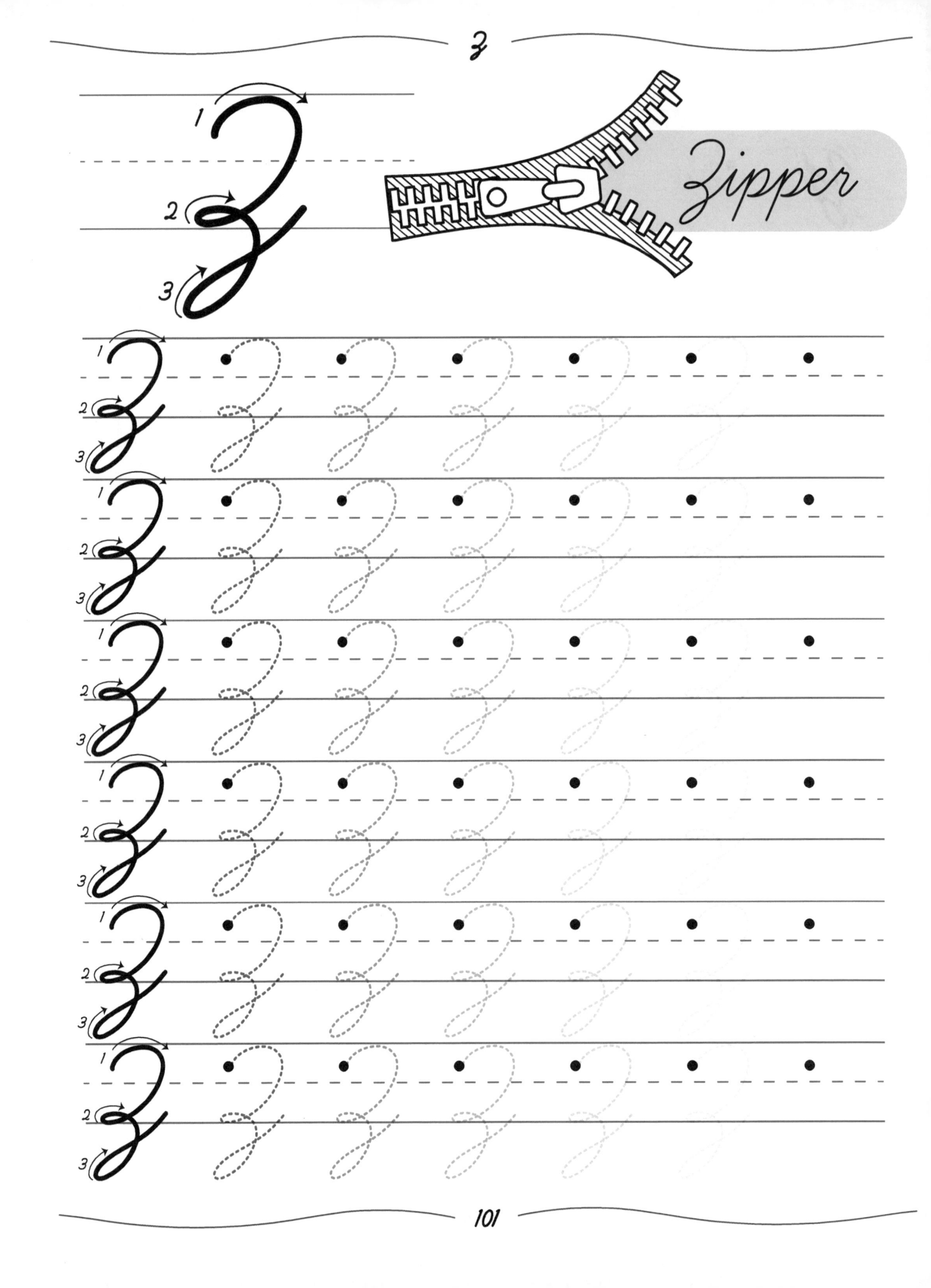

Zipper

z

zero

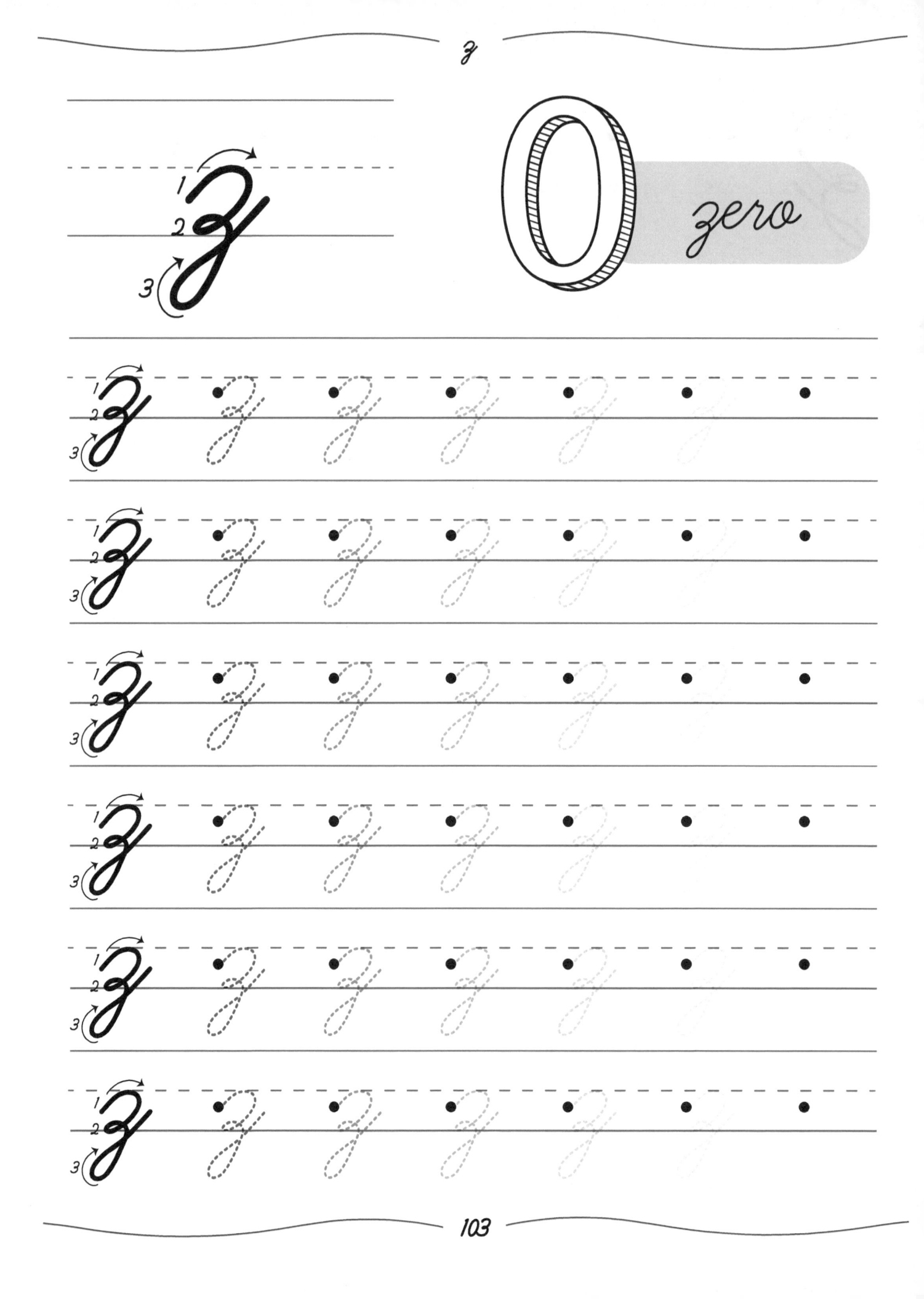

Z

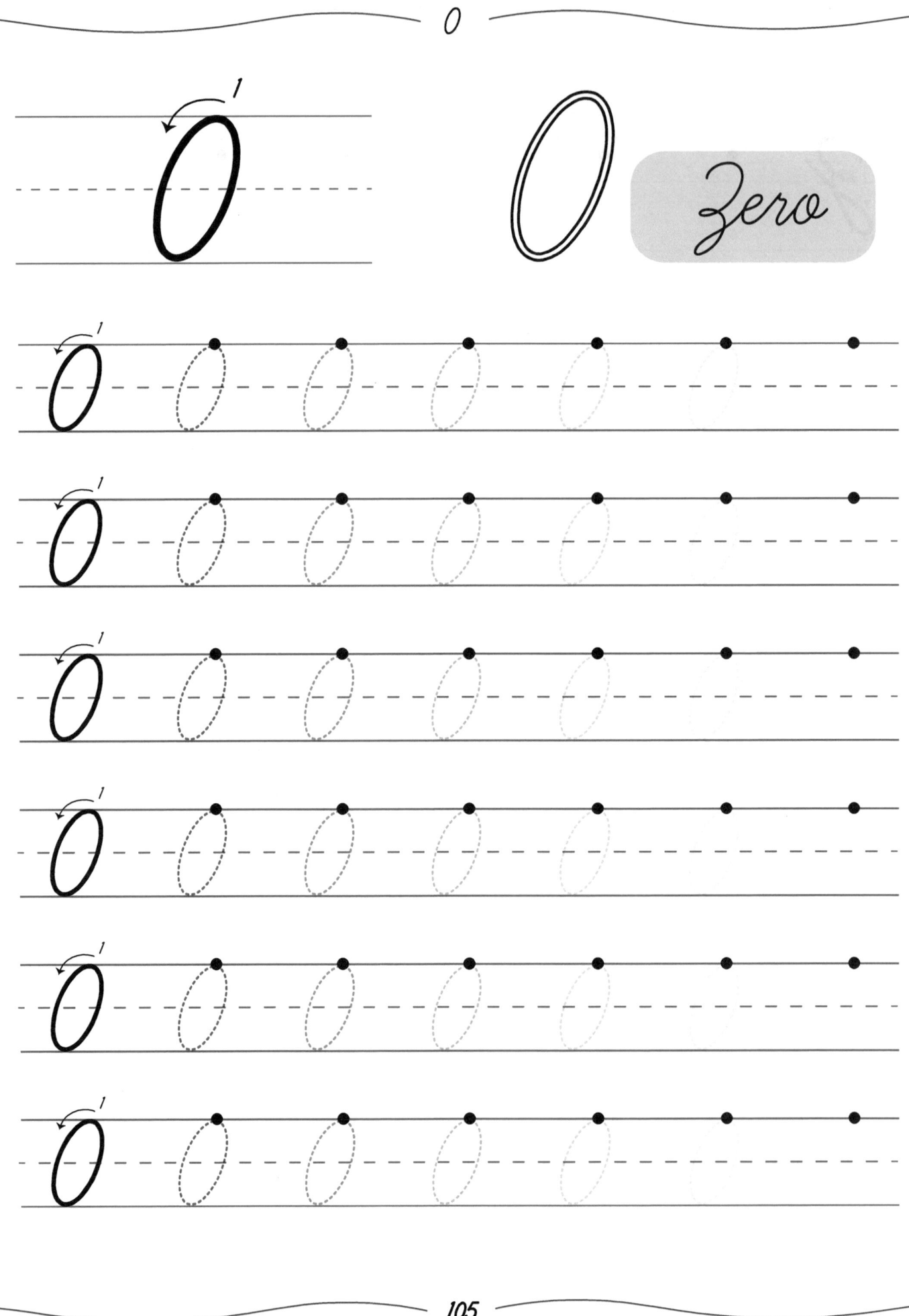

0

Zero

O

O

1

One

1

108

2

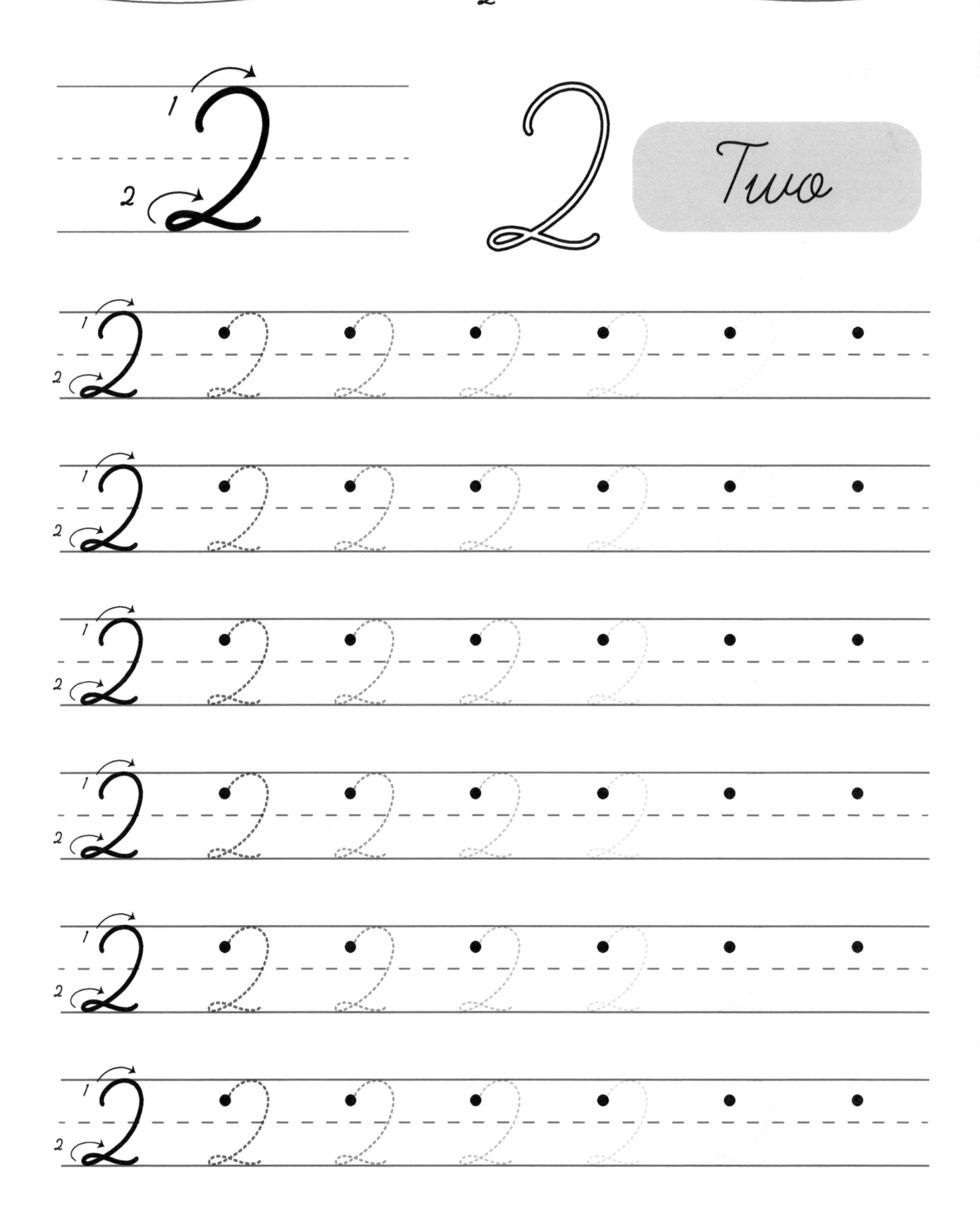

Two

2

3

Three

3

4

Four

113

4

5

Five

5

6

Six

6

7

Seven

7

8

Eight

8

9

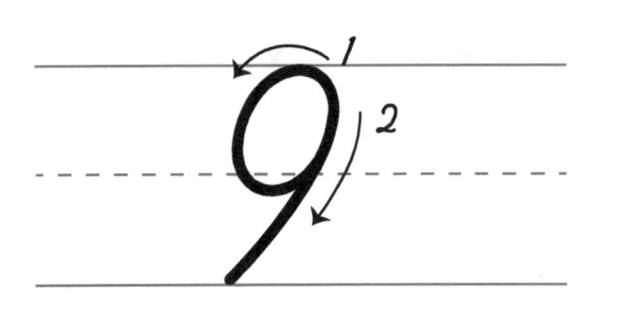

Nine

9

Made in United States
Troutdale, OR
04/08/2024